용서, 상처를 치유하는 사랑

초판 발행	2004. 9. 10
초판 10쇄	2021. 11. 15

지은이	단 해밀턴
옮긴이	편집부
일러스트	조은희
디자인	한현아
펴낸이	정모세
펴낸곳	한국기독학생회출판부
등록번호	제313-2001-198호(1978. 6. 1)
주소	04031 · 서울시 마포구 동교로 156-10
대표 전화	02-337-2257 l 팩스 02-337-2258
영업 전화	02-338-2282 l 팩스 080-915-1515
홈페이지	http://www.ivp.co.kr l 이메일 ivp@ivp.co.kr

IVP(InterVarsity Press)는
캠퍼스와 세상 속의 하나님 나라 운동을 지향하는
IVF(InterVarsity Christian Fellowship)의 출판부로
생각하는 그리스도인을 위한 문서 운동을 실천합니다.

Originally published by InterVarsity Press
as *Forgiveness* by Dan Hamilton
ⓒ 1980 by InterVarsity Christian Fellowship of the U. S. A.
Translated by permission of InterVarsity Press
Downers Grove, IL 60515, U. S. A.

ISBN 978-89-328-2081-1

ⓒ 한국기독학생회출판부 2004

책값은 뒤표지에 있습니다.
무단 전재와 복제를 금합니다.

용서,
상처를 치유하는 사랑 Forgiveness

IVP

예전에 나는 한 소녀와 사귀었는데 불행하게도 파탄으로 끝나버렸습니다. 우리 두 사람은 고통과 미움으로 범벅이 된 채 서로의 관계를 포기해 버렸고, 그 후 몇 년을 연락을 끊은 채 지냈습니다. 다시 우리가 만나게 되었을 때, 나는 용기를 내어 그녀에게 가까이 가 보았습니다. 그리고 놀랍게도 그녀 역시 나와 마찬가지로 용서받기를 간절히 원하고 있다는 것을 알게 되었습니다. 그 때 얻은 마음의 위안은 실로 굉장한 것이었습니다.

두 사람은 이미 오래 전부터 마음속 깊이 상대방을 용서하고 있었으므로, 예전에 우리가 저질렀던 어리석고 유치한 일들을 생각하며 함께 웃었습니다. 이로써 과거의 불행했던 일은 우리 두 사람에게 더 이상 아무런 영향도 미치지 못하게 되었습니다. 두 사람이 모두 상대방을 용서하고 우정을 회복한 상태였으므로 그런 일들은 조금도 문젯거리가 되지 않았던 것입니다.

용서

그 후 얼마 지나지 않아, 나는 우연히 두 청년이 어떤 여성에 대해 이야기하는 것을 듣게 되었습니다. 한 청년은 그 여성에 대해 불평을 늘어놓았고, 다른 청년은 친구에게 적절한 말을 해주려고 애쓰고 있었습니다.

"자네가 그렇게까지 괴로워하는 이유가 뭔가?"
"우리가 헤어질 때 그녀가 나에게 큰 상처를 주었기 때문이야."
"나는 자네가 그녀를 용서한 줄 알았는데."
"물론 용서야 했지. 그렇지만 나는 그 일을 잊을 수가 없어. 결국 마음의 고통은 그대로 남아 있단 말이네."

이 청년이 말하는 마음의 상처와 그 치유의 차이는 어디에서 비롯되는 것일까요? 앞에서 이야기한 두 관계가 모두 용서를 수반한 것이라면, 도대체 어떤 이유가 후자는 고통 가운데 헤어지게 하고 전자는 새로운 인간관계를 맺을 수 있게 하는 것일까요?

우리 모두는 이미 이와 같은 관계를 경험해 왔습니다. 마음의 아픔을 겪었고, 진심으로 용서하면 고통을 덜게 될 것이라고 말하기도 했습니다.

사전을 보면, 용서란 '지우다' 혹은 '떨쳐 버리다', '멀리 보내다'라는 뜻을 가지고 있습니다.

하지만 바로 이 점에서 혼란이 시작됩니다. 무엇을 지워야 합니까? 떨쳐 버려야 할 것은 무엇입니까? 그것을 어떤 방법으로 해야 합니까? 그 외에 또 해야 할 일이 있습니까?

용서는 다음의 세 가지 경로를 거쳐 이루어집니다. 첫째, 실제로 일어났던 사건만을 따로 구분하여 과거의 일로 묶어 둡니다. 둘째, 그 과거의 사실에 연루된 일체의 감정적 반응을 떨쳐 버립니다. 셋째, 원상회복하는 데 필요한 대가를 생각하면서 복수하겠다는 마음을 지워 버립니다.

잘못이나 실수, 남의 마음을 아프게 한 일 ^{이것을 성경적인 용어로는 죄라 합니다} 은 모두 두 부분으로 구성되어 있습니다. 첫 번째 부분은 고통을 일으키는 육체적인 어떤 행위이고, 두 번째 부분은 그 행위에 대한 육체적 · 감정적 · 영적 · 사법적인 반응들입니다. 행위 자체는 시간과 공간 및 역사적 환경에 묶여 있는 것이므로, 우리 인간의 능력으로는 그 사실을 없었던 일로 할 수 없습니다.

인간관계의 파탄, 약속 위반, 신체적인 상해. 고통의 원인이 되는 이러한 사건들은 누군가의 행위로 일어난 결과입니다. 조심성 없는 말투, 거짓말, 부주의한 운전 등과 같이 고통을 야기하는 행위에 대해 우리가 할 수 있는 일은 무엇일까요?

그 일들은 이미 과거의 한 부분이 되어 버렸습니다. 세상의 어떤 것으로도 그 일의 흔적을 없앨 수는 없습니다. 우리가 할 수 있는 유일한 일은 과거의 일들을 그대로 받아들이는 것뿐입니다.

우리가 비록 과거의 일을 바꿀 수는 없지만 그 일에 대한 감정적인 반응은 달리할 수 있습니다. 분노, 깊은 슬픔, 침울함, 증오, 공포와 같은 반응 형태를 각자의 뜻에 따라 조절할 수 있다는 것입니다.

반응 형태를 조절한다는 것은 어떤 의미입니까? 분노가 치밀어 오를 때 화나지 않은 척하거나 슬픔을 전혀 내색하지 않고 아무런 감정이 없는 것처럼 꾸밀 수는 없습니다. 인간이라면 누구나 고통의 순간에 자기 감정의 실체와 맞부딪히게 됩니다.

그렇다면 자신의 감정을 그대로 드러내는 것이 옳을까요? 분노를 터뜨리고, 쓰라린 마음을 표출하고, 앙갚음을 해야 할까요?

아니면 자신의 감정을 억누르고 단지 그 일을 마음속에 담아 두어야 할까요? 그러나 억지로 눌러 둔 분노가 결코 사라지지 않는다는 것은 우리가 익히 알고 있는 사실입니다. 억눌린 감정은 그대로 남아 있거나 땅속 어두운 곳에서 자라는 독버섯처럼 점점 커 갑니다.

억눌러 두었던 노한 마음은 절대 그 힘을 잃어버리지 않습니다. 오히려 휘발유통 속의 불꽃처럼 한 순간만 틈이 생겨도 무섭게 터져 나올 것입니다.

용서는 단순히 자신의 감정을 겉으로 드러내거나 억누르는 것일까요?

자신의 감정을 다스리는 유일한 방법은 일체의 정서적 반응을 떨쳐 버리는 것입니다. 즉, 감정 발산을 즐긴다거나 그것을 마음속에 애지중지 간직하지 않도록 조심해야 한다는 말입니다.

생각을 다스리려면 먼저 기억나는 일들을 하나씩 마음속에 떠올려 배출구를 찾아야 합니다. 우리 모두는 이처럼 천천히 십자가에 못박는 과정을 거치도록 부름받았습니다. 이는 곧 자기 방종의 틈을 용납하지 않고, 감추어 둔 원한이 숨어들 여지를 남겨 두지 않으며, 마음속의 영사막에 분노에 찬 행위가 재연될 수 있는 여유를 허용하지 않는 것을 의미합니다. 물론 이것은 매우 힘든 일입니다.

"모든 악독과 격정과 분노와 소란과 욕설은, 모든 악의와 함께 내버리십시오. 서로 친절하게 하며 불쌍히 여기며, 하나님께서 그리스도 안에서 여러분을 용서하신 것같이 서로 용서하십시오." 엡 4:31-32

치유에 필요한 대가는 실제적인 행동과 반응입니다.

우리는 지금까지 자신의 내면을 들여다보면서 자아와 더불어 내면의 싸움터에 갇혀 있었습니다. 그리고 이제 도저히 지울 수 없는 과거의 일에 목례를 하고 우리의 증오심에 종지부를 찍었습니다.

이제는 눈을 외부로 돌려 그 곳에 서 있는 가해자를 보아야 할 차례입니다. 그는 말 한마디 못하고 죄책감에 사로잡힌 채 우리의 처분만 기다리고 있습니다. 우리는 자기 내면의 감정을 다스리는 동시에 잘못한 사람을 향해 어떤 처분을 내려 주어야 합니다.

여기서 또 하나의 내적인 싸움이 시작됩니다. 우리들 각자가 자신의 마음속에서 들려오는 소리들 사이에서 방황하게 된다는 뜻입니다.

'자비를 베풀어 내게 잘못한 사람을 그냥 풀어 주어야 할까? 아니면 그가 지은 죄를 정당하게 평가해 보고 합당한 벌을 주어야 할까?'

미가서의 말씀은 우리를 혼란스럽게 합니다.

"너 사람아, 무엇이 착한 일인지를 주께서 이미 말씀하셨다. 주께서 너에게 요구하시는 것이 무엇인지도 이미 말씀하셨다. 오로지 공의를 실천하며 인자를 사랑하며 겸손히 네 하나님과 함께 행하는 것이 아니냐!" 미6:8

과연 두 가지 일을 동시에 할 수 있을까요?

죄값을 엄격히 평가하여 공의를 실천한다면, 자비는 어떻게 되는 것입니까? 자비로운 마음으로 그 사람을 놓아 보낸다면, 죄값은 누가 치르는 것입니까?

우리는 죄값과 죄에 대한 벌을 반드시 구분해야 합니다.

조심성 없는 친구가 우리집에 왔다가 등잔을 깨뜨렸다면 나는 그를 용서해 줄 것입니다. 여기서 용서란 그 친구가 새 등잔을 사지 않아도 되도록 조처한다는 의미입니다. 곧 그 친구가 죄에 대한 벌을 받지 않도록 놓아 주는 것입니다. 다시 말해서 내가 자진하여 "내가 자네의 빚을 탕감해 주겠네. 이제 그 사슬을 두고 평안히 가게"라고 말했기 때문에 그 친구는 자유로이 갈 수 있게 되었다는 뜻입니다.

용서란
지우는 것을 의미합니다.
죄에 대한 벌이야말로
우리가 지워야 할 것입니다.

어느 누구도 우리로 하여금 우리에게 잘못한 친구에게 보복하라고 강요할 수 없습니다. 손해를 입힌 사람으로부터 억지로 배상을 받도록 누구도 우리에게 강요할 수 없다는 말입니다.

세상의 어떤 법률도 자신을 헐뜯는 사람과 더 이상 대화해서는 안 된다고 규정하지는 않습니다. 결국, 손상당한 관계를 새롭게 하기 위해 용서하는 것은 우리의 자유 의사에 달려 있습니다. 그 범위는 친구와 동료, 가족과 연인을 모두 포함합니다. 그런데 잘못한 사람이 용서를 받고 자신에게 주어진 자유를 만끽하며 가 버렸다고 해서 문제가 모두 해결된 것은 아닙니다. 죄에 대한 벌은 처리되었지만 상처는 여전히 남아 있습니다. 상처 회복에 필요한 값을 치러야 하는 문제는 그냥 남아 있는 것입니다.

등잔은 깨진 상태 그대로입니다. 우리의 평판은 손상당한 상태 그대로 남아 있습니다. 우리의 생활에 영향을 끼친 손해는 아직 없어지지 않았습니다. 누가 이 손해를 갚아야 합니까? 제삼자에게 등잔의 대금을 청구할 수는 없습니다. 만약 그렇게 한다면 벌을 취소하는 것이 아니라 전가시키는 것에 지나지 않습니다. 이 문제에 관한 한 선택의 여지가 없습니다. 바로 내가 갚아야 합니다.

다행히 등잔은 비싸지 않으므로 그 정도는 쉽게 지불할 수 있습니다. 그러나 눈에 보이지 않는 귀한 것에 손상을 입혔다면 어떻게 해야 하겠습니까? 값을 따질 수 없을 만큼 비싸거나 도저히 원상태로 돌이킬 수 없는 것이라면 어떻게 해야 하겠습니까? 인간관계를 깨뜨렸다면? 명예를 훼손시켰다면? 불구자로 만들었다면 어떻게 해야 합니까?

등잔이 깨졌다면 한 차례 현금을 지불함으로써 갚을 수가 있습니다. 다른 방법으로 갚을 수도 있습니다.

용서란 누군가를 위해 외상으로 값비싼 선물을 구입하는 것과도 같습니다. 선물을 받는 사람은 어떤 한 순간에 선물을 받고 그로부터 계속 즐거워합니다. 그러나 주는 사람은 그 대금이 완전히 정리될 때까지 아무도 모르게 돈을 계속 지불해야 합니다.

오래 전에 나는 어떤 여인과 약혼을 했었는데 그만 그녀의 마음이 변하고 말았습니다. 나는 그녀를 용서했습니다. 그러나 애써 그렇게 결정하는 순간에도 온갖 감정을 떨쳐 버릴 수가 없었습니다. 그 후 나는 그녀와 만나게 될 때 과거에 대한 언급을 가능한 한 삼가면서 조금씩 감정을 떨쳐 버릴 수 있었는데 그것은 1년 동안이나 계속되었습니다.

그녀가 다른 남자와 같이 있는 것을 볼 때, 내가 질투와 자기 연민의 감정을 떨치기로 마음먹을 때, 그리고 그녀가 다른 사람과 교제하게 됨에 따라 그녀를 위해 기도하면서 그러한 감정을 조금씩 떨쳐 버리게 되었습니다. 그리고 내심 그녀에 대한 평판이 나빠지기를 원하면서도 그녀를 칭찬하거나 그녀가 훌륭한 사람이라고 남에게 이야기할 때 나는 계속 그 감정을 지워 나갔습니다. 바로 이런 것들이 내가 지불한 대가였습니다. 그녀는 결코 이것을 알 수 없었습니다. 물론 나도 그녀가 어떤 시련을 겪는지 전혀 몰랐습니다. 단지 그녀가 나를 용서했다는 것만은 알고 있었습니다.

대가를 지불하는 과정에서 이 부분은 우리의 감정을 떨쳐 버리는 단계와 비슷합니다. 그러나 여기에는 그 이상의 내용이 내포되어 있습니다. 다시 말해서 단순히 누군가를 미워하지 않는 것 이상의 행위가 포함되어 있다는 뜻입니다. 이것은 내게 잘못한 사람을 받아들이고 그를 사랑한다는 것을 실제로 보여 주겠다고 결심하는 것, 곧 화해하기 원한다는 의도를 분명히 확증시켜 주는 것을 포함합니다.

나는 한때 약혼했던 그녀와 이야기할 시간을 가졌습니다. 그녀를 만나서 예전에 우리 두 사람이 좋아했던 일로 시간을 보냈습니다. 나는 그녀를 위해 기도했고, 나와 헤어진 뒤의 그녀의 생활에 관심을 나타내기도 했습니다. 우리가 서로 멀리 떨어져 있기만 했더라면, 그 많은 고통과 어색한 순간들은 피할 수 있었겠지만 우정을 다시 회복할 수는 없었을 것입니다. 서로 떨어져 있으면서 싸움을 하지 않는다고 해서 문제가 완전히 해결된 것은 아닙니다. **화해야말로 서로 상대방을 용서하고 용납했다는 증거가 되었던 것입니다.**

그리스도 안에 계신 하나님이야말로 용서와 관련된 모든 문제에서 우리의 모범이요 근원이 되십니다. 언젠가 나는 어떤 목사님이 하나님은 '그 마음의 선하심으로 우리를 용서하시는 분'이라고 설교한 것을 기억합니다. 그러나 하나님의 선하심은 용서의 동기였고 그 방법은 아니었습니다. 그 목사님의 설교는 우리로 하여금, 주머니에서 잔돈을 꺼내 나누어 주는 마음씨 좋은 할아버지를 연상하게 합니다. 그러나 이는 용서의 대가를 부인하는 이미지입니다.

이사야 55장을 보면 훨씬 더 정확하고 두려운 묘사가 나와 있습니다. 성경 저자는 이 구절에서 용서하시는 하나님의 행위를 정확하게 포착하고 있습니다. 하나님은 우리를 용서치 않고 각자의 죄에 따라 벌을 받게 하실 수도, 죄값을 치르지 않은 채 그냥 넘어가실 수도 없는 그런 분이십니다. 이런 이유에서 하나님은 완전한 공의를 이루는 무거운 짐을, 인간의 육신을 입으신 예수 그리스도께 지우셨습니다.

"그러나 그가 찔린 것은 우리의 허물 때문이고, 그가 상처를 받은 것은 우리의 약함 때문이다. 그가 징계를 받음으로써 우리가 평화를 누리고, 그가 매를 맞음으로써 우리의 병이 나았다." 사53:5

예수님은 이 희생을 통하여 죄의 형벌을 없애는 것 이상의 일을 이루셨습니다. 우리를 예수님 자신과 화목하게 하심으로써 죄의 상처까지 치유해 주신 것입니다.

"우리가 하나님의 원수로 있을 때에도 그분의 아들의 죽으심으로 하나님과 화해하게 되었다면,…우리는 또한 우리 주 예수 그리스도로 말미암아 하나님을 자랑합니다. 지금 그로 말미암아 하나님과 우리 사이에 화해가 이루어졌습니다." 롬5:10-11

고통은 죄의 결과입니다. 이 고통을 다루는 쉬운 길은 없습니다.

나무와 못 그리고 고통은
용서를 얻기 위한 대가이고
치유하는 사랑인 것입니다.

이제는 용서라고 할 수 없는 행위에 대해 알아보는 것이 좋겠습니다.

용서는 정당한 해명이 있을 경우에는 필요없는 것입니다. 논리적으로 타당한 해명은 용서의 필요성을 없애 버립니다.

자기 차를 몰고 집으로 돌아가던 한 남자가 있다고 가정해 봅시다. 시골길을 따라서 차를 몰고 있는데 잡초더미 속에서 자그마한 소녀가 나타나 자동차 유리에 돌을 던졌습니다. 이 남자는 급히 차를 세우고 뛰어가서 꼬마를 붙잡고는 당장 벌을 주려 했습니다. 그런데 소녀는 도망가지 않고 그 자리에서 기다리고 있다가, "아저씨, 자동차에 돌을 던져서 정말 죄송합니다. 그래도 그럴 수밖에 없었어요. 제 동생이 다쳤는데 여기에는 도와줄 사람이 아무도 없거든요"라고 말했습니다.

이것이 바로 정당한 해명의 효과를 보여 주는 사례입니다.

처음에는 영락없이 벌을 받아야 할 잘못으로 보였으나, 지금은 그러한 상황이라면 소녀의 행동은 정당하고 또 필요한 것이었다고 여기게 됩니다. 모든 행동의 이면에는 이유가 있습니다. 그러나 모든 이유가 정당한 해명이 되는 것은 아닙니다. 정당한 이유를 제시할 수 있을 때에는 용서를 구할 필요가 없습니다. 변명의 여지가 없을 때에만 용서의 필요가 생기는 것입니다.

최근에 어떤 친구가 내게 편지를 보냈는데 그 한 구절을 인용하면 다음과 같습니다. "나의 실수에 대해 변명하지 않겠네. 실수란 변호할 것이 아니라 깨끗이 인정해야 할 것이기 때문이자. 정말 미안하네."

용서란 회칠하는 것이 아닙니다. 어떤 죄를 마치 죄가 아닌 것처럼 꾸민다거나 어떤 죄는 무시해도 좋다고 결정할 만한 근거가 우리에게는 없습니다. 하지만 우리는 간혹 골치 아픈 상황에 처했을 때 문제가 폭발하는 것을 막기 위해서 명백한 과실도 덮어둔 채 넘어가는 경우가 있습니다.

마태복음 5:9을 보면 평화를 사랑하는 자 peace lover 가 아니라, 평화를 이루는 자 peace maker 가 복이 있다고 하였습니다. 우리는 화평케 하는 자로서 사태를 정상적으로 회복시키기 위해서라면 비난이나 위험을 감수해야 합니다. 손상당한 관계를 본래의 좋은 상태로 되돌려 놓기 위해서는, 맞서서 싸울 수도 있고 상처를 입은 채 울부짖을 수도 있으며 대화를 나누고 용서해 줄 수도 있습니다.

그러나 평화를 사랑하는 자들은 눈 가리고 아웅 하는 식으로 끝냅니다. 이들은 상처 부위를 덮어둔 채 모든 사람이 행복한 것처럼 꾸미는 쪽을 더 좋아합니다.

용서는 생색을 내는 것이 아닙니다. 다음과 같은 말을 해서도, 암시해서도 안 됩니다.

"자네가 지은 죄는 내게 깊은 상처를 주었다네. 그러나 나는 고귀한 자존심을 갖고 불평 없이 참을 생각이네." 이런 자세는 겉으로는 아닌 척하면서 실제로는 앙갚음을 하는 것입니다.

다시 말해서 그러한 행동은 순결함과 우월감이라는 가면 뒤에 숨어서 잘못한 자의 얼굴에 맷돌질을 함으로써 이사야 3:15에 나오는 표현으로 상대를 학대한다는 뜻—역주 죄를 다시 돌려주는 것에 불과하다는 뜻입니다.

자존심은
용서를 허용하지 않습니다.
또한 용서는
자존심이 들어설 자리를
남겨 두지 않습니다.

용서란 처벌을 쌓아 두거나 뒤로 미루는 것이 아니며 일시적으로 중단하는 것도 아닙니다. 용서는 잘못을 범한 사람이 삼진 아웃을 당하게 되는 야구가 아닙니다. "이번만 용서해 주지. 다음에 또 이런 일을 하면 혼내 줄 거야!"라고 말하는 바로 그 상황에서 용서가 필요합니다.

"그 때에 베드로가 예수께 와서 '주님, 제 형제가 저에게 잘못을 저지르면 몇 번이나 용서해 주어야 합니까? 일곱 번이면 되겠습니까?' 하고 묻자 예수께서는 이렇게 대답하셨다. '일곱 번뿐 아니라 일곱 번씩 일흔 번이라도 용서하여라.'" 마 18:21-22

한번 잘못한 사람을 계속 믿지 못하고 손해 볼 만한 일은 그 사람과 다시 하지 않으려 한다면, 우리는 용서하는 일에 실패한 셈입니다. 집행 유예 상태라면 그 사람은 용서를 받은 것이 아니라 일정한 조건을 전제로 관대한 처분을 받은 것일 뿐입니다.

용서란 재판에 의한 기록을 말소하는 것이 아닙니다. 죄수에게 일정한 기간을 복역한 다음에 ^{혹은 망가진 자동차 범퍼에 대해 적합한 보상을 하고 난 뒤에} 용서해 주겠다고 하는 것은 공허한 소행입니다. 이미 재판 결과에 따라 요구 조건을 다 이행한 사람에게 용서해 주겠다는 제의는 놀림으로 보일 뿐입니다.

용서를 간구하는 소리는
제발 자비를 베풀어 달라고 탄원하는
가는 음성입니다.
우리는 혈기와 복수의 요란한 외침을 넘어서
이 가냘픈 소리에
귀를 기울여야 합니다.

지금까지 용서란 과거의 일을 그대로 인정하고 일체의 감정적 반응을 떨쳐 버린 다음에 처벌을 취소하고 화목의 대가를 스스로 떠맡는 것이라고 이야기했습니다.

이것이 용서라면 왜 우리는 용서를 해야만 하나요?

과거의 일을 인정하고 정서적 반응을 떨쳐 버리며 복수를 취소하는 것은, 우리가 감정상 옳다고 느끼는 것과는 정반대입니다. 그러나 성경을 보면 용서를 실천에 옮길 수밖에 없는 이유가 몇 가지로 나와 있습니다.

먼저, 하나님이 우리를 향하여 용서하라고 명령하십니다.

"너희가 서서 기도할 때에, 어떤 사람과 서로 등진 일이 있으면 용서하여라." 막 11:25

"너희는 스스로 조심하여라. 네 형제가 죄를 짓거든 꾸짖고, 회개하거든 용서하여 주어라. 그가 네게 하루에 일곱 번 죄를 짓고 일곱 번 네게 돌아와서 회개한다고 하면, 너는 용서해 주어야 한다." 눅 17:3-4

이 명령은 그 자체로 용서의 충분한 동기가 됩니다. 우리는 용서할 것인지의 여부를 우리 마음대로 선택할 수 없습니다.

용서는 하나님의 성품 중 일부이기도 합니다. 우리가 성경에 나타난 하나님의 성품을 알고 나면 그분을 닮고자 하는 마음으로 충만케 될 것입니다.

한 예로 출애굽기 34장을 보면 다음과 같은 말씀이 있습니다.

"주께서 모세의 앞으로 지나가시면서 선포하셨다. '주, 나 주는 자비롭고 은혜로우며, 노하기를 더디하고, 한결같은 사랑과 진실이 풍성한 하나님이다. 수천 대에 이르기까지, 한결같은 사랑을 베풀며, 악과 허물과 죄를 용서하는 하나님이다.'" 출 34:6-7

바울도 이렇게 말합니다.

"서로 친절하게 하며 불쌍히 여기며, 하나님께서 그리스도 안에서 여러분을 용서하신 것같이 서로 용서하십시오. 그러므로 여러분은 사랑을 받는 자녀답게 하나님을 본받는 사람이 되십시오. 그리스도께서 우리를 사랑하셔서 우리를 위하여 하나님 앞에 향기로운 예물과 제물로 자기 몸을 내주신 것 같이 여러분도 사랑 안에서 살아가십시오." 엡 4:32-5:2

애당초 의무의 영역에 속해 있던 용서가 특권 중의 하나로 변모한 것입니다. 우리는 용서할 능력을 부여받았으며, 하나님이 거룩한 것으로 정해 놓으신 이 일, 즉 하나님을 기쁘시게 하는 용서를 행하라는 권면을 받고 있기도 합니다.

우리는 다른 사람을 용서하지 않는 한 하나님의 용서를 받을 수 없습니다. 예수님은 제자들에게 다음과 같이 말씀하셨습니다.

"너희가 남의 잘못을 용서해 주면, 너희의 하늘 아버지께서도 너희를 용서해 주실 것이다. 그러나 너희가 남을 용서해 주지 않으면, 너희 아버지께서도 너희의 잘못을 용서해 주지 않으실 것이다." 마 6:14-15

우리가 다른 사람을 냉혹하게 대하는 것은 곧 하나님을 향해서 냉랭한 마음을 품는 것이 됩니다. 냉혹한 마음은 하나님이 지극히 싫어하시는 것으로서 하나님께 대하여 둔감해진 마음입니다. **나와 다른 사람의 관계는, 나와 하나님의 관계와 떼어놓을 수 없습니다.**

"하나님을 사랑한다고 하면서, 자기의 형제자매를 미워하면, 그는 거짓말쟁이입니다. 보이는 자기의 형제나 자매를 사랑하지 않는 사람은 보이지 않는 하나님을 사랑할 수 없습니다. 하나님을 사랑하는 사람은 자기의 형제자매도 사랑해야 합니다. 우리는 이 계명을 주님에게서 받았습니다."

요일 4:20-21

이 문제의 중요성은 우리가 익히 알고 있는 주기도문의 한 구절에서도 그대로 나타납니다.

"우리가 우리에게 죄지은 사람을 용서하여 준 것같이 우리 죄를 용서하여 주시옵고."

이 구절은 매우 중대한 뜻을 담고 있습니다. 그런데도 우리는 의미 없이 의례적으로 이 구절을 되뇌는 경우가 많습니다.

만약 우리가 마음 한 구석에 원한을 품고 있으면서 입으로만 주기도문을 외운다면 실제로는 다음과 같은 기도를 올리는 셈입니다.

"주여, 저는 제가 베푼 자비와 똑같은 자비를 구합니다. 그 이상도 말고 그 이하도 원하지 않습니다. 저는 아직도 그 사람을 원망하며 그의 행동을 용서하지 못해서 그가 완전히 망해서 치욕당하는 것을 보고 싶습니다. 그러므로 하나님도 제게 분노하시며, 용서받을 수 없는 저의 죄를 마음속에 간직해 두시고, 저의 멸망과 치욕당함을 도모하여 주시기를 원합니다."

우리는 단순히 용서를 받는 것에서 한걸음 더 나아가 용서를 전하는 통로가 되어야 합니다.

용서하는 것을 거부하면 우리 스스로 상처를 입게 됩니다. 어느 의사의 말에 의하면 "사람들은 자기가 먹는 음식 때문이 아니라, 자기 자신을 좀먹어 가는 것 때문에 궤양을 앓게 됩니다." 만약 증오의 욕구를 끝까지 고집하면 인생을 가치 있게 만드는 모든 것들을 잃어버리게 됩니다.

> "그러나 악인들은 요동하는 바다와 같아서 고요히 쉬지 못하니, 성난 바다는 진흙과 더러운 것을 솟아 올릴 뿐이다. 나의 하나님께서 말씀하신다. '악인들에게는 평화가 없다.'" 사 57:20-21

억눌려 있던 감정은, 우리가 다른 사람의 멸망을 도모하기만 해도 오히려 우리 자신을 파멸시킬 것입니다.

미움은 부메랑과 같습니다. 미움은 제자리로 돌아오면서 처음에 표적으로 삼았던 사람 대신 우리들 자신에게로 와서 꽂힙니다.

용서하지 못할 때

우리는 다른 사람들에게 상처를 입히게 됩니다.

용서하지 못하는 것은 자신에게 해로울 뿐만 아니라 다른 사람에게도 똑같이 악영향을 미치는 소행입니다. 히브리서 저자는 우리에게 다음과 같이 말합니다.

"모든 사람과 더불어 화평하게 지내고 거룩하게 살기를 힘쓰십시오. 거룩해지지 않고서는 아무도 주님을 뵙지 못할 것입니다. 여러분은 하나님의 은혜에서 떨어져 나가는 사람이 아무도 없도록 주의하십시오. 또 쓴 뿌리가 돋아나서 괴롭게 하고, 그것으로 많은 사람이 더러워지는 일이 없도록 주의하십시오." 히 12:14-15

사람의 입에서 나오는 모든 말은 선한 힘 혹은 악한 힘을 지니고 있습니다.

"함부로 말하는 사람의 말은 비수 같아도, 지혜로운 사람의 말은 아픈 곳을 낫게 하는 약이다." 잠 12:18

우리가 살아가는 동안 만나는 사람은 모두 진흙과 같습니다. 이들은 우리가 새겨 놓은 흔적을 계속 지니고 살아갈 것입니다. 우리가 해로운 표시를 새겨 넣는 조각가가 될 수는 없습니다.

용서 이외에는 달리 방도가 없습니다.

용서하지 않으려 한다면 남는 길은 복수밖에 없습니다. 그런데 성경은 다음과 같이 말합니다.

"너는 친척을 미워하는 마음을 품어서는 안 된다. 이웃이 잘못을 하면, 너는 반드시 그를 타일러야 한다. 그래야만 너는 그 잘못 때문에 질 책임을 벗을 수 있다. 한 백성끼리 앙심을 품거나 원수 갚는 일이 없도록 하여라. 다만 너는 너의 이웃을 네 몸처럼 사랑하여라. 나는 주다." 레 19:17-18

"아무에게도 악을 악으로 갚지 말고, 모든 사람이 보기에 선한 일을 하려고 애쓰십시오. 여러분 쪽에서 할 수 있는 대로 모든 사람과 더불어 화평하게 지내십시오. 사랑하는 여러분, 여러분은 스스로 원수를 갚지 말고, 그 일은 하나님의 진노하심에 맡기십시오. 성경에도 기록하기를 '원수 갚는 것은 내가 할 일이니, 내가 갚겠다' 하였습니다." 롬 12:17-19

성경에도 복수를 원한다거나 이를 위해 기도하면서 간절히 기다리는 예에 대해 자세히 서술해 놓은 부분이 있습니다. 하지만 복수는 오로지 하나님의 손에 일임하고 기다리도록 되어 있을 뿐입니다. 하나님은 복수를 손수 처리하실 일로 남겨 두셨습니다.

여기에는 물론 그럴 만한 이유가 있습니다. 야고보가 그 이유를 밝혀 주었습니다.

"노하는 사람은 하나님의 의를 이루지 못하기 때문입니다."

약 1:20

어렸을 때 작업장에서 물건을 만드시는 아버지를 도와드린 일이 있었습니다. 그 때 나는 웬만한 일은 다 할 수 있었고 연장도 어지간히 다룰 줄 알았습니다. 그런데도 아버지는 늘 이렇게 말씀하셨습니다. "얘야, 거기 그 연장은 손대지 말아라. 쓸모 있는 것이긴 하지만, 네가 쓰기에는 너무 날카로워서 위험하구나."

복수는 영적인 의미에서 너무나 강한 연장이라 오직 하나님 한 분의 손에만 맞게 되어 있습니다.

용서하지 못할 때, 우리는 복음의 기반을 침식하고 있는 것입니다. 우리가 도저히 용서할 수 없다고 거부하는 태도를 보일 때 세상 사람들은 우리가 어떤 무리인지 알게 됩니다.

이는 곧 자기는 선물을 받고 남에게는 주지 않으려 하는 태도이므로 완악한 마음을 지녔다는 표시가 되는 것입니다.

다른 사람에게 기본적으로 필요한 것이 무엇인지 고려하기 전에 벌을 주고 싶어하는 자신의 욕망을 채우는 데 급급한 지극히 이기적인 태도라 하겠습니다. 게다가 자기는 이미 얼마나 많은 죄를 용서받았는지 잊어버린 은혜를 모르는 태도이기도 합니다.^{마 18:21-35}

또한 자기 자신도 완벽하지 못하면서 다른 사람의 허물을 허용치 않으려 하였으니 관용을 모르는 태도인 것입니다.^{눅 6:41, 42; 요 8:1-11}

용서할 줄 모르는 태도는
다른 사람에게 가장
큰 유익을 주는 일을 하지 않는 것이므로
사랑 없음을 나타내는
증거가 됩니다.

뿐만 아니라 그는 고린도후서 5:16에 나오는 진리의 말씀 "그러므로 우리는 이제부터 아무도 세속적인 표준으로 판단하지는 않을 것입니다…" _{공동번역}을 청종치 않는 분별없는 자가 되는 것입니다.

우리 모두가 '돌아온 탕자'의 이야기를 알고 있습니다. 그런데 탕자의 형에 대해서는 어떠합니까? 탕자의 형은 아버지의 눈으로 동생을 볼 수 없었기 때문에, 그 아버지와 동생으로부터 멀어졌습니다.

용서하지 못할 때에는 적어도 한 가지 측면에서는 그리스도를 닮는 일에 실패하게 됩니다. 이는 곧 세상을 향하여 그리스도의 모습을 잘못 전하는 것입니다. 우리는 그리스도의 대사(大使)인 동시에 그분의 자녀로서 화목과 용서의 복음을 전파해야 합니다.

"나는 이 백성과 이방 사람들 가운데서 너를 건져내어, 이방 사람들에게로 보내서, 그들의 눈을 열어 주고, 그들이 어둠에서 빛으로, 사탄의 세력에서 하나님께 돌아오게 하고…" 행 26:17-18

우리가 용서에 실패하게 될 때, 우리에게는 우리가 전할 메시지와 함께 나눌 좋은 소식이 사라집니다. 또한 믿지 않는 사람에게 그리스도를 생각하게끔 만들 만한 근거를 아무것도 제시하지 못하게 됩니다.

예수님도 "너희가 서로 사랑하면 모든 사람이 그것으로써 너희가 나의 제자인 줄을 알게 될 것이다" 요 13:35 라는 말씀을 남기셨습니다.

사랑의 표시는 무엇입니까? 서로 연합하는 것입니까? 그렇다면 어떤 종류의 연합을 의미합니까? 외면상으로 화합을 가장하기란 쉬운 일입니다. 지금까지 많은 집단이 나름대로의 방식으로 '사랑'에 대해 전파해 왔습니다.

세상 사람들이 그리스도인인 우리들에게 관심을 기울이는 이유는, 우리가 다투지 않기 때문이 아니라 다투고 난 다음에 용서를 통해 다시 연합하기 때문입니다.